# Tu voto, tu voz

Elise Wallace

## Asesoras de contenido

**Jennifer M. Lopez, M.S.Ed., NBCT**
*Coordinadora superior, Historia/Estudios sociales*
Escuelas Públicas de Norfolk

**Tina Ristau, M.A., SLMS**
*Maestra bibliotecaria*
Distrito Escolar de la Comunidad de Waterloo

## Asesoras de iCivics

**Emma Humphries, Ph.D.**
*Directora general de educación*

**Taylor Davis, M.T.**
*Directora de currículo y contenido*

**Natacha Scott, MAT**
*Directora de relaciones con los educadores*

## Créditos de publicación

Rachelle Cracchiolo, M.S.Ed., *Editora*
Emily R. Smith, M.A.Ed., *Vicepresidenta de desarrollo de contenido*
Véronique Bos, *Directora creativa*
Dona Herweck Rice, *Gerenta general de contenido*
Caroline Gasca, M.S.Ed., *Gerenta general de contenido*
Fabiola Sepulveda, *Diseñadora gráfica de la serie*

**Créditos de imágenes:** portada rypson/iStock; pág.5 Sundry Photography/
Shutterstock; pág.15 Kauka Jarvi/Shutterstock; pág.16 Steve Helber/AP;
págs.18-19 Fotosearch/Stringer; pág.21 Rob Crandall/Shutterstock; págs.24-25
Everett CollectionShutterstock; todas las demás imágenes cortesía de iStock y/o
Shutterstock

## Library of Congress Cataloging-in-Publication Data

Names: Wallace, Elise, author. | iCivics (Organization)
Title: Tu voto, tu voz / Elise Wallace.
Other titles: Your vote, your voice. Spanish
Description: Huntington Beach, CA : Teacher Created Materials, 2022. |
  "iCivics"--Cover. | Audience: Grades 2-3 | Summary: "Let's get ready to
  vote! Learn about the issues. Study the candidates. Make your choice and
  head to the polls!"-- Provided by publisher.
Identifiers: LCCN 2021039376 (print) | LCCN 2021039377 (ebook) | ISBN
  9781087622651 (paperback) | ISBN 9781087623979 (epub) | ISBN
  9781087623979 (epub)
Subjects: LCSH: Voting--United States--Juvenile literature. |
  Elections--United States--Juvenile literature.
Classification: LCC JK1978 .W3518 2022  (print) | LCC JK1978  (ebook) | DDC
  324.60973--dc23
LC record available at https://lccn.loc.gov/2021039376
LC ebook record available at https://lccn.loc.gov/2021039377

5482 Argosy Avenue
Huntington Beach, CA 92649-1039
www.tcmpub.com

**ISBN 978-1-0876-2265-1**
© 2022 Teacher Created Materials, Inc.

# Contenido

# Tu voto es tu voz

En Estados Unidos, los ciudadanos adultos pueden **votar**. Eligen a sus líderes. Votan por el presidente.

Antes de votar, hay mucho en que pensar. El país tiene que resolver muchos **asuntos**. ¿Cuáles son importantes? Lo que cada persona piensa es importante. ¡El voto de una persona es su **voz**!

Este niño piensa mucho. Tal vez esté pensando en asuntos importantes.

It's easy....
VOTE
....It MATTERS!

⭐ Salta a la ficción ➡

# Votar por primera vez

Pronto habrá una elección. Ellie está entusiasmada. Su hermana Hope acaba de cumplir 18 años. ¡Hope va a votar por primera vez!

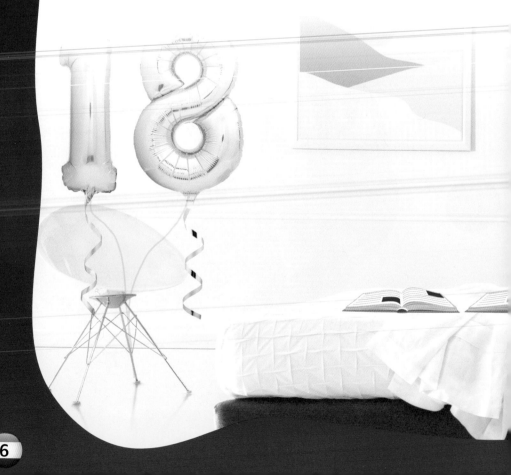

Ellie quiere ayudar a Hope a prepararse. Hay mucho por hacer. Las dos hermanas estudian todo lo que pueden. Aprenden qué asuntos hay para resolver.

Hay algunos asuntos que a Hope le preocupan. Le interesan las escuelas. Le gustaría que las calles estuvieran bien cuidadas. Hope también cree que la atención médica debería costar menos.

Ellie y Hope aprenden sobre las personas que se postulan para los distintos cargos. Las hermanas quieren encontrar a alguien que comparta las opiniones de Hope. Investigan mucho. Pronto, Hope está lista. ¡Está ansiosa por votar!

Vuelve al texto de no ficción

Un asunto que les preocupa a las personas es el reciclaje.

# Encontrar tu voz

Tú eres único. Tu visión del mundo es única. ¡Eso es bueno! Cada persona tiene sus propias experiencias, y cada uno tiene opiniones diferentes de cómo debería ser el mundo. Una idea no siempre funciona para todos.

Descubre qué es importante para ti. ¿Qué asuntos te preocupan? Piensa en esos asuntos. Habla con personas en las que confíes y también con personas que tengan ideas diferentes. Decide qué crees que se debería hacer. Eso te ayudará a encontrar tu voz.

## Asunto: educación

Algunas personas creen que las escuelas necesitan más dinero. Ese dinero puede usarse para comprar libros nuevos. Puede usarse para reparar edificios viejos. Puede usarse para contratar a más maestros.

Algún día podrás votar para elegir al presidente. Mientras te preparas para votar, estudia el mundo que te rodea. Observa cosas como escuelas y parques. ¿Pueden mejorarse? Piensa en cómo cambiarías el lugar donde vives. ¿Qué es lo que más necesita tu comunidad?

## Asunto: gobierno

Algunas personas creen que el gobierno debería estar a cargo de más servicios. Otras creen que el gobierno no debería estar a cargo de tantas cosas.

**Piensa y habla**

¿Cómo pueden los líderes
y los ciudadanos trabajar
juntos para mejorar
las cosas?

Los líderes piensan en esos asuntos. Piensan en los parques y en las escuelas. Piensan en la atención médica y en los trabajos. Estudian los asuntos. ¡Los **votantes** también deben estudiar esos asuntos!

Los asuntos son grandes ideas. Requieren mucha atención y reflexión. A medida que estudies, te formarás opiniones, y esos puntos de vista te ayudarán a encontrar tu voz. Así es como te preparas para votar.

Puedes estudiar los asuntos en internet.

Algunos trabajadores ganan un salario mínimo.

# Asunto: trabajos

Algunas personas creen que el **salario mínimo** debería ser más alto. Algunas creen que debería mantenerse igual.

Tres candidatos hablan
en un debate.

# Los candidatos

Aprende sobre las personas que **se postulan** para presidente.  Se llaman candidatos.  Quieren liderar el país.

Una manera de aprender es mirar los **debates**. En los debates, los candidatos hablan sobre sus opiniones.  Puedes aprender mucho.

También lee sobre los candidatos.  Haz preguntas.  ¿Qué cosas promete hacer cada persona?  ¿Tienen la capacidad de cumplir esas promesas?  ¿Estás de acuerdo con sus planes?

## Piensa y habla

¿De qué manera esta foto respalda lo que se dice en el texto?

Compara los candidatos. Estúdialos con atención. ¿En qué se parecen sus opiniones? ¿En qué se diferencian? ¿Con quién estás de acuerdo?

Deberías votar a la persona que coincida con tus opiniones. A esa persona deberían importarle los asuntos que te importan a ti.

## ¿Quién puede ser?

Una persona debe tener al menos 35 años para ser presidente. También tiene que haber nacido en Estados Unidos.

Abraham Lincoln era candidato en el primer debate para presidente.

# En el lugar de votación

Ahora es el momento de la **elección**. Los votantes ya conocen los asuntos. ¡Están listos para elegir! Ya saben quién quieren que sea presidente.

Los ciudadanos van al lugar de votación. A cada votante se le asigna un lugar. Emiten su voto con otros estadounidenses. Algunas personas tienen que hacer fila durante horas. ¡Saben que es importante votar!

Quienes trabajan en el lugar de votación controlan la lista de votantes.

# ¡No lo olvides!

Debes tener 18 años para votar para presidente. También debes **registrarte** para votar. Podrías completar un formulario y enviarlo por correo. En algunos estados, puedes registrarte en línea.

No todos van al lugar de votación. Algunos envían una **boleta electoral** por correo con anticipación si saben que no podrán personalmente ir al lugar de votación.

No importa qué vote una persona. ¡Lo importante es hacerlo!

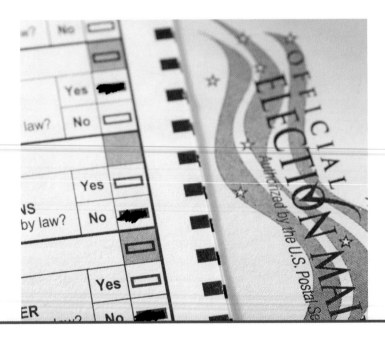

## Votantes de voto ausente

Cuando las personas votan por correo, usan una *boleta de voto ausente*. Eso significa que pueden enviar sus boletas por correo o dejarlas en buzones preparados especialmente para recibir los votos.

Esta mujer está votando.

# Los resultados

Después de la votación, comienza la espera. ¿Quién ganará la elección?  En todo el país, las personan miran y esperan.  Algunos celebrarán. Otros tal vez no.

La persona a quien votaste quizá no gane. No te rindas.  ¡Sigue votando!  Con tu voto, los líderes que ganan conocen tus esperanzas, sueños y necesidades.

Tu posibilidad de votar puede parecerte lejana, pero en realidad no es así.  Tómate tiempo ahora para saber qué asuntos te importan.  ¡También puedes ayudar a tus familiares y amigos a prepararse para votar!

# Glosario

**asuntos**: temas en los que las personas piensan y de los que hablan

**boleta electoral**: una hoja de papel o un boleto que se usa para votar en una elección

**debates**: eventos en los que las personas comparten sus opiniones sobre distintos temas

**elección**: un evento en el que los ciudadanos votan

**registrarte**: poner tu nombre en una lista oficial

**salario mínimo**: la cantidad mínima de dinero por hora que se puede pagar a los trabajadores

**se postulan**: se presentan como candidatos

**votantes**: las personas que votan en una elección

**votar**: elegir a una persona o una idea de forma oficial

**voz**: el deseo, la opinión o los sentimientos de una persona

# Índice

# Civismo en acción

Una de las cosas que hacen los ciudadanos es votar. Podemos votar sobre asuntos como la atención médica y las escuelas. Es bueno practicar esa responsabilidad. Es importante estudiar los asuntos. Esto nos ayuda a tomar buenas decisiones cuando votamos.

1. Habla con tu clase sobre algunos asuntos importantes. Pueden ser cosas de tu vecindario, tu ciudad, tu estado o tu país.

2. Aprende más sobre uno de esos asuntos. Decide qué opinas.

3. Comenta los asuntos con los demás.

4. Voten en la clase sobre todos esos asuntos.

5. Comenten los resultados.